* 9 7 8 6 0 9 1 6 1 4 4 9 4 *

حياة بالحياء

بطاقة الكتاب

اسم الكتاب: حياة بالحياء

المؤلف: خالد أحمد محمد أحمد

التنسيق والإخراج الفني: مريم محمد سيد

تصميم الغلاف: هبة إبراهيم

المقاس: 14 x 20

الطبعة الأولى: 2023

رقم الإيداع: 2023/3924

(ISBN): 9786091614494

الناشر: دار صيد الخاطر للنشر والتوزيع

المدير العام: أحمد فؤاد

للتواصل: 0109 076 7919

العنوان: ميدان الساحة – الدقي – الجيزة

حياة بالحياء

[ها هُوَ قَدْ أَقْبَلَ شَعبان]

ها هُوَ قَدْ أَقبَلَ *** عذب المورِدِ للّظمآن
شـــعبان

بَرَكـاتٌ مِــنَّ رَب *** فَاصْــطَحِب الــزاد
الكَــرِم لرمضـــان

بـالجُودِ وإطْعـامِ *** والـذِّكْر وإَفْشَاءِ سلام
طعــام

وألزم ترتيل القرآن *** وصَلاة والنّاسُ نيامْ

جـدِّدْ عهــدكَ *** تـُبْ مِــنْ غَفـَلاتِ
بـالمَعبُود وَرُقـــُود

ذِي مِنْحَــة رَبــَّكَ *** يا وَيْل عُبيْدٍ مَطرُود
فأقبـلهـا

واحة الحُبَّ وَطني

كَتَبْنَا بَيْن الربا والتِّلالْ *** سُطُورًا مِنْ ذِكْرَيَاتٍ طِوال

وهَذِي النّجُوُمْ تَشِفُّ الرُّسُومَ *** وَذَا البَدْرُ حبّا الصَّفا والرَّمالْ

هُنا واحَةَ الحُبِّ، رِيفُ الأَمانِ *** نَسِيمٌ عليلٌ، وسِحْرٌ حَلالْ

فَذِكْرَى الزَّمانِ، وذِكْرَى المكانِ *** وَنَفْسٌ طَروبٌ بوَحْي الخيالْ

كَم جَلَّلَ الأَفقَ زَهْرُ الغُروبِ!! *** عَجِيبُ الرُّؤَئَ، عَبْقَرِيُّ الجَمال

وَذا الفَجْرُ لَقَّى رُؤوسَ الجِبالِ *** سُكُونًا حَنُوَنا عَقِيمَ الجِدَالْ

سَلَوا النّخلَ ريحًا تَغَنَّى مَديحًا *** وَلَحَنًا فصيحًا بأرقى مقالْ

هُنا بالوِهادِ، وفي كُلَّ وادِ *** بِحِضْنٍ بِلادي تطيبُ التِّلالْ

يُسافِرُ مَعَ مُبْتَغانا هَواها *** وحَيْثُ صِبانا تَحُطُّ الرَّحالْ

هُبُّوا بيَقينٍ نَنْطَلِقْ *** في طَلَبِ الحُسنى نَسْتَبِقْ

بقُلُوبٍ يَمْلَأَها الصّدقُ *** وَعِظاتٌ مِمَّنْ قَدْ سَبَقُوا

إنَّ لَنا رَبًّا قَيُّومًا بيَدَيْهِ الأمْرُ، لَهُ الخُلْقُ

[الحِكْمَةُ لِلْمُؤْمِنَ مغْنَمْ]

الحِكْمَـةُ لِلْمُــؤْمِــنْ مغْنَمْ *** فانْهَـلْ مِــنْ مَوْرِدِهـا الأرْوَعْ

وتَهَيَّأ لِلْخَيْرِ تُصِبْهُ *** فبِغَيْرِ التَّقْوَى لا مَطْمَــعْ

إنْ قُلْتَ فَسَدّدْ واسْتَرْ *** لا تَتَحَمَّلْ، لا تَتَصنَّعْ شَـدِّ

فالصَّـدقُ مَــلاذ مأمونٌ *** والباطِلُ في العُقْبَى يُصرَعْ

واعْلَـمْ: لابُدَّ لأمّتِنـا *** مِــنْ عُمَرٍ بالحُسْنَى يَصْدَعْ

تَحْمِي حِكْمَتَهُ قَوَّتُها   ***   والحَـــقُّ يُؤَيِّــدُهُ المـــــدْفَعْ

وعَبِيـــرُ الحِكْمَــــةِ   ***   وجَزِيـــلُ الفَضْـــلِ لَهـاَ يأسِــــرُنا يرجـــــعْ

والحِكْمَـــةَ يُؤْتِيها   ***   مَنْ شـــاءَ، فَمَنْهَجَهُ رَبِّـــي تَتْبـــــعْ

[الرحمة]

الرَّحْمَـةَ رَحِـمٌ فـي الأُمَّـةَ *** تَجْمَعُهُمْ فـي الأصْـلِ وَذِمَّـةَ

تَـرْبِطهُمْ بِربـاطِ التَّقْوى *** لِتُحِيلَ على الباغِي إثْمَـهْ

الرَّحْمَـةَ باسْـمِ الـرَّحْمَنْ *** مَنْ كرَّم هذا الإنسانْ

أوْلَاهُ نَعيمًـا لا يَفنَـى *** يَلْقَاهُ بِنُـورِ القُـرْآنْ

فَبِنعْمـةِ مَـوْلاكَ فَحـدَّثْ *** فَـاللَّهُ مُجـازِي الإحسـانْ

[خَل الذَّنْب وامْضِ]

وأَنْفُسَـنا نُمَنّيهـا حُظوظـــا *** لأَائِـذِ غفْلَـةٍ تُمسي عـــذابا

وَنَلْهَثُ خَلْفَ زِيْنَتِها سُــكارى *** وفَــرْطُ بَريقِها يُضْــحِي سَــرَابا

وَهـا فِـتَنْ تَمـــوُج وشُـــؤُمُ ذَنـبِ *** يُغَشّي الْقَلْبَ يرْتَهِنُ اللّبابـــا

وَسَـــهْمُ اَلمــوْتِ يَخْتَــرِقُ الغُيـُوبَ *** فَلا يَدَعُ الصّغارَ ولا الشّــبابا

فَهَلَّا إذْ تَلَوْنـا الـذَّكْرَ يوْمـــا *** تَـــذَّكَّرنا فَأبْصَـرْنا الصَّـوابا

وحاسَـــبْنَا النَّفُـــوسَ   ***   نُخَوِّفُهـــا الخَطايــــا
حِسـابَ عَــدْلٍ   ***   والحِســـــــــابا

ألَا يا صاحِ خَــلَّ   ***   لِمَــوْلَاكَ الــرَّؤوفِ
الـــذَّنْبَ وَامْــضِ   ***   بِمَــنْ أنابــا

ودَعْ صَحْبَةً بِـدَرْبِ   ***   تَنَاسَوْا مِنْ شَقَائِهِمُ
السُّوءِ عـاثُوا   ***   الْمَتَابـــــا

وَلُــذْ بِـاللهِ خَلَّاقٌ عَلِيمٌ   ***   وقُلْ يا رَبّ عَبْدٌ قَدْ
أنابــــا

سَـقِيمٌ غَـرَّهُ حِلـــمُ   ***   تَوَلَّى عَنْكَ ضَعْفًا لا
الْحَلِــيمِ   ***   ارْتِيابــا

فَخُــذْ بِيَدَيْـهِ لِلرّشْـدِ   ***   وَعَفَـوْا؛ إنَّهُ تـابَ
امتنانـــا   ***   احْتِسابا

وَرَحْمَتُكَ الَّتِي عَمَّتَ   ***   سحائِبُها سَبَقْتَ بها
البَرايا   ***   الْعَــــذَابا

[لا تَقْعُدَنْ ضَجِرًا]

تَسْتَوْحِش الأْنْسَا	***	لا تَقْعُدَنْ ضَجِرًا
يُسْرٌ، فطِبْ نَفْسَا	***	فبعـد كُلَّ شَجَى
مَقـدُورَ لا يَنْسَى	***	إنّ الـَّذِي قـدَرَ الـ
يُسْرًا وإن بَأسَا	***	قَضَـاه بـالـلّطْف إن
يُجِيبُ مَـنْ سَألَا	***	رَبٌّ رَحـِـيمٌ بـَرٌّ
ذَلـّـل السُّبْلَا	***	ويَبْسُطُ الرّزْقَ غضًا
يُبَـرِئ الْعِـلَـلَا	***	يُبْدِلُ الهَمَّ بُشْـرَى
تَطْلُـبْ بـهِ بـدَلَا	***	فَلـــــَذْ بِرَبـــِّكَ لا
الهَمَّ كـنْ صـامِدا	***	وإن تـدَاعَتْ جُيُوشُ
لـم يـزَلْ حامِدا	***	وافـي بقَلْـبٍ صَبُورٍ

تَــنْعَمْ بِــزَادِ الرَّضَــا   ***   لا تبتَــئِسْ أبَــدَا

[الحَجّ]

فَقْـرًا إِلَيْكَ رَبَّنَـا *** جِئْنَـاكَ نَفْسًـا عانِيَةْ

لِجُـودِ يَدِكَ الْحانِيَـةْ *** تَسَـابَقَتْ قُلُوبُنَـا

لَبَّيْـكَ اللّهُـمَّ *** لَبَّيْـكَ اللّهُـمَّ

وَالشَّـوْقُ يَسْـبِقُهُ الْوَجَـلْ *** لَبَّيْـكَ يِحْـدُونا الْأَمَـلْ

وَاخْتِـمْ بِصـالِحِ الْعَمَـلْ *** لَبَّيْـكَ فَـاغْفِرِ الزَّلَـلْ

لَبَّيْـكَ اللّهُـمَّ *** لَبَّيْـكَ اللّهُـمَّ

وَالْكُـلُّ لَـكْ يَخْضَـعُ لَـكْ *** الْحَمْـدُ لَـكْ وَالشُّـكْرُ لَـكْ

لَبَّيْـكَ اللّهُـمَّ *** لَبَّيْـكَ اللّهُـمَّ

فَـارْحَمْ عُبَيْـدًا ذَلَّ *** تَمْلِكُـهُ وَمـا مَلَـكْ لَكْ

لَبَّيْـكَ اللّهُـمَّ *** لَبَّيْـكَ اللّهُـمَّ

الفَضْـلُ لِمَـنْ جـادَ بِفَضْـلْ *** يُذْهِبُ عَنْ مَكروُب غُمَّـةْ

والعز لِمَـنْ نـارَ بِعَدلٍ *** يطغـى بـالحَقَّ عَلَـي الظُّلْمَة

لِتَـدُوَم عَطايا مَوْلانـا *** رُحْمـاكم إخـوانْ الأُمَّـةْ

عَـزَّ بأنّـكَ للإسـلام *** لا تُبْـدِلْ بالدَّينِ دَينَّة

فـاللهُ ـ تَعـالَى ـ مَعْبُـودٌ *** بِجهادٍ حَقَّ وَبينَّة

ضَمَّنَ شَـرْعَتَهُ رَحْمَتَهُ *** فَهَنيئًـا للإنسانية

[بِالْقُرآن تُحِبُّ الله]

بِالْقُرآنِ تُحِبُّ الله *** هوَ سِرٌّ يُفْضِي بُهَداه

الْقُرآن كَلامُ الله *** مِنْهُ بدا ولَهُ معْناه

وإلَيْهِ يَعُودُ غدًا *** عبْدًا فظّ الْقَلْبِ قَلاه يَشْكُو

وشَفِيعًا حقًّا لعْبيْدِ *** بالذَّكَرى والحبِّ تَلاه

أعَلِمْتَ كَقُرآنِ الله *** حُسْنًا وجَلالاً وزَكاه؟!

يَحْلَو بالتَّرْتيلِ ويَعْلو؟! *** أرِني مِثْلَ كَلام الله

فَرقانُ مَليكِ مُقْتَدِرِ *** يُهْدِي الْحقّ مَن اسْتَهْداه

يَقْفُـوهُ مُنِيـبٌ أوابٌ *** يَأْبِيَ أَنْ يصْغى يَهْـوَاهْ

مَـا ضَلَّ مَنِ اتَّبَـعَ الـذِّكَرَ *** ولا ذِكرَ لِمَنْ نَسِيَ اللهْ

لله الْأَسْمَـاءُ الْحُسْنَى *** فبِهـا فَادْعُوهُ لِتَخْشَـاهْ

ذَو الْمَجْـدِ وَحِكْمَتُـهُ عَمَّتْ *** بَحْرًا وَسَماءً وَفَلَاهْ

رَبٌّ فَـوْقَ الْعَرْشِ اسْتَعْلَى *** فَتَبَـارَكَ لَا رَبَّ سِوَاهْ

لِيُلْقِفَـهُ لِسَـانَ الْفِسْقِ *** جَهْـلُ الْمَنْطِـقِ الْعَيَّابْ

فَبـاغِي الشَّـرِّ يَنْشُدُهُ *** وَدَوْمًا لِلْهَوَى أَذْنَابْ

وَآيُ النُّورِ شــاهِدَةٌ *** وّذِكْرَى يــا أُولــي الْأَلْبَـــــابْ

[حَياةٌ بالحَياءِ]

حَباها ربُّها الوَهّابُ *** جمالًا بالحِجاب يُهابُ

حياةً بالحياءِ تَضَوُّعُ *** أريجًا رَوضُهُ الآدابُ

عَساها أنْ تَحوزَ بهِ *** عَفافًا يَحْفظُ الألبابُ

زَكا عِطرًا سَما قَدْرًا *** غَداةَ استَقْبلَ المِحْرابُ

حِجابٌ صاغ في الأيّام *** دُونَ الشرِّ ألفَ حِجابٍ

تُفاخِرُهُنَّ بالقُرآنِ *** وَتَتْلُو سُورَة الأَحْزابُ

تَخَافُ مَقَامَ بارِيها *** وما كَسَبَتْ وَسُوءَ حِسَابْ

رَوَاهـا ذِكـرُهُ حُبًّا *** وَقَلْبًا لِلْهُـدَى أَوَّابْ

لِغَيـْرَةِ بَعْلِهـا غَارَتْ *** فَـلا تَخْتَانُـهُ بِغِيابْ

فَمـا تَرْجُو الْهُـدَى نَفْسٌ *** رَمَتْ بِالسُّوءِ خَيْرَ شَبابْ

تُطـارِدُ كُـلَّ هائِمَـةٍ *** تفَتَّحُ لِلرَّدَى الأَبْوابْ

وَتَقْـذَفُ فِـي دُجَى البُهْتـانِ *** ثَـوْبَ الطّهـرِ لِلمُرْتابْ

[بادِرْ هَجْمَةَ الأَجَلِ]

إلا مـا يـا أخـا العَطَـلِ *** تُمَنّي النَّفْسَ بالأَمَلِ

جَمُـوح بـالهَوَى ثَمَـلٌ *** إلامَ المُطْلُ بالعَمَلِ؟

تغـطّ بنَشْـوَة الكَسَلِ *** أغَـرَّكَ فسـحة المَهَـلِ؟

ألا فـارْجِع عَلـى وَجَـلِ *** وبـادْر هَجْمَة الأجَلِ

تـدَبَّر صَـفْحَة طُويَـتْ *** فَضَعْ ثَوابًا وإحسانا

سَتَرجِعُ – والـذي أَسْـقَى *** كـؤوسَ الموتِ مَوتانـا –

فَـإنْ جِـئتَ الـذي عَمِلـوا *** عَمَرْتَ القَلْبَ إيمانا

لَحِقْتَ بِركْبِ مَـنْ حـازوا *** جِنـانَ الخُلْدِ إخوانـا

وإنْ كُنـتَ الظّلـومَ لَهـا *** غلـيظَ القَلْبِ خَوّانـا

فَقَـدْ خَابَـتْ، ولا أسـفًا *** على مَنْ جاءَ كُفْرانـا

[صَلَّ وَعُدْ تَوْباً]

أعلمـتم يـا أصْحابـي *** إذ أسـتَقْبِلُ مِحرابـي

كَيـْفَ أُناجيهِ لِمـا *** وهـوْ الأَعْلـَمُ بمصابي ؟؟!!

إن أعْصـر لـذاتِي *** ذَل يتَمَلَّـكُ ذاتـي

أسـقْيها كـأسَ الصـبْر *** وأعوذ مِن الهَمَزات

أعلِمـتُمْ كَيـفَ صـلاةٌ *** جَمَعَـتْ حُبَّـا وخُضُـوعا؟!!؟!

يجُيـب القَلـْـب سُـكونًا *** وتَفِـيض العَيْن دُموعـا؟؟!!!

أعلمتم يـا أصْحابي؟ *** إذ أسـتَقْبِلُ مِحرابـي

كَيْفَ أُناجِيهِ لِمـا *** وهـْو الأَعْلَمُ
بِـــــي بمصـــابي ؟؟!!

إنَّ أَعْصــرَ لِـذَاتـي *** ذَل يَتَمَلَّكُ ذاتـي

أَسْـقِيها كَـأْسَ *** وَأَعُوذَ مِـنَ الْهَمَزَاتِ
الصَّـبْرِ

أَعَلِمـْتُمْ كَيـفَ *** جَمَعَـتْ حُبــًّا
صَـلاةٌ وخُضُــوعا؟!

يجُيـبَ القَلـْبُ *** وتَفـِيض العَـيْنُ
سُـكُونًا دُمُوعـــا؟؟!!

[بُنِيَ الإسلام على خَمْسٍ]

بُنِـيَ الإسلامُ عَلَـى خَمْــسٍ *** عَلَّمْنَـاهُ رَسُولُ الله

هُوَ دِينُ الحَقّ بـه نَحيــا *** والدَّينُ كما شَرَعَ الله

لا إلـــهَ إلا الله *** رَدَّدْ مِـنْ قَلْـبٍ أوّاه

بِيَقِـين أشـهدُ ألّا *** مَعْبُـودَ بحَقّ إلا الله

احمـد خـاتَم رُسْل الله *** حَقـًّا، خَيـرُ الهُدِي هُداه

يَرعَـى الحَـقّ، يَقُـولُ الصَّـدْقَ *** حَبيـبُ الله، خليـلُ الله

شَرَعَ اللهُ لَـهُ صَـلَوَاتٍ *** صَـونًا للمـؤمُن ونجـاةً

أمَّي يـا بَهجَّة عُمري *** حُبَّ الماضي والآتي

كُـنْـتِ رسـمَّي مَفْزَعـَـهُ *** والْمـأوَى فـي الكُربـاتِ

جنّـاتُ وَفائـِك زُخْـرُ *** تَحسِرُ عَنْها كَلِمـاتي

تـُرْوَى مـِنْ رَحْمـَةٍ رَبـِّي *** مـا زانَ رَبيعَ حَيـاتي

ذِكـراك تُطـِلُّ بـِدَرْبي *** تَتَرَسَّمُها خُطـواتي

أَحْيـا بِرضـاكِ وألْقـى *** مِنْكِ جَليلَ الدَّعَواتِ

[مَنْ رَبُّك؟، دينُك، وَنبيُّك؟]

أحسـن خَلقـي ثـمَّ هـــداني	***	مـــن رَبـّـك؟ : ربـي رحمـــاني
يَشـفيني مما آذاني	***	هـو يُطعِمُنـي، هو يَسـقِيني
والأخــرَى خُلــدٌ بجنـانِ	***	لله حيـاتي ومَمـاتي
والجِـن وكـلُّ الحَيـوانِ	***	يـومَ يَقـوم النـاس سـراعًا
لله الصَّمَدِ الـديانِ	***	مـا دِينـُكَ؟: دِينِـي إسـلامي

لا أعبُدُ مـا الكـافِرُ   ***   لِـيَ دِينِـي، وبه
يَعْبُـــــدُ   ***   رِضْــــواني

أَحْكَمَ شِـرْعَتَهُ قُرآنٌ   ***   تَوَّجَهُ خيرُ الأديـانِ

آيَاتٌ تُتْلَى مُعجِـزَةٌ   ***   مُـوجَزَةٌ فـي خَيـرِ
بَيـانِ

***

مَـنْ مِـنْ رسلِ اللهِ   ***   بعث اللهُ أخـا الإنسانِ
إلــــيكُمْ

خَـاتَمُ رُسْـلِ اللهِ   ***   صَـفْوَةٌ مَـنْ ذَكَّى
مُحَمَّــــــدٌ   ***   قُرآنِـــي

أكـرِمْ برسـول   ***   دِيـن نِزيـهٍ بقِـيَمِ
جَمَّلَـــــه   ***   الإحسانِ

زانَ بـه الـدِّينَ   ***   فَهُــوَ بنِعمَتِـهِ
وكَمَّلَـــــه   ***   نُـوران

[أُمِّي نَهْرُ الخَيراتِ]

أمَّي نَهْرُ الخَيْراتِ   ***   أمَّي سِرُّ مَسَرّاتي

تَهْتِفُ في رُوحِي أبَــدا: ***   وَلَـدي : تَفْـدِيكَ حَياتي

إنْ رُحْتَ تَضمِـن جِهـادي   ***   فـاذكُرْ لَيـلَ السَّهَراتِ

أسْـدَيْتُ رَحيـقَ ودادِي   ***   وتَجَرَّعْتُ مراراتِي

إنْ يَتَأَرَّقْ لَكَ جَفن   ***   يجْفُو عَينـايَ سُباتي

قـرَّةُ عَينِـي أنْ أرْمُـقَ   ***   في عَيْنَيْكَ البَسَماتِ

[أَغَرُّ مِنْ زِينَةِ النِّساءِ]

نالتْ مِنَ الحُسْنِ فِي حِجابٍ *** غَضَّتْ بِهِ الطَّرْفَ مِنْ حَياءٍ

جازَتْ بِهِ فِي الوَرَى وَقارًا *** أغَرَّ مِنْ زِينَةِ النِّساءِ

هَمُّوا بِها أنْ يُساوِمُوها *** تِجارةَ الفُحْشِ شَرَّداء

فَرَدَّ عَنْ عِرْضِها عَفافٌ *** وَعِزَّةٌ صِبْغَةَ السَّماءِ

أضْحَى لَظَى كَيدِهِمْ رَمادًا *** يُحِيلَهُ اللهُ لِلْهَباءِ

صَفِيُّها ناصِحٌ *** جَزَى لَها الوُدَّ
غَيُورٌ *** بِالوَفـــاءِ

رَمْيٌ للجَمَرَاتِ، *** خَلْقٌ، ذِكْرٌ ما أزكاهْ
ونَحـــرٌ

ترجـو بالإسـلامِ *** سُعْداهُ بِرِضْـوانِ الله
جَميعـــاً

[أَهْلا رَمَضَان]

أَقْبِلْ زَارَكَ رمَضَانْ *** بالرحمـة والغُفْـران

أَقْبِلْ تَوْبًا يُعْطِيكَ *** ملء يدَيْكَ اَلاثْنانْ

غَلَّقَ مِنْ لُطْفٍ فِيهِ، وغلَّ الشيْطانْ نـارًا ***

تَدْعُو الجَنَّةَ حَازُوا بابَ الرَّيّانْ أبْـرارًا ***

طَيَّبْ بيَمِينِكَ صـدَقَة *** أكْرمْ مسكينًا شفَقَة

ما ضَرَّ كَريمًا كَرَمْ *** مالك ينْمُو بالنَّفَقَة

لا تَعْجَبْ؛ حِكْمَة ربُّكَ *** خَصَّكَ بالفَضْـل ورَزَقَـه

فَاحْمَـدْهُ بخـالِصِ قَلْبِـكْ *** يـا فَـوْزَ عُبَيْدٍ صَـدَقَهْ

وتَـدَارَكْ قَبْـلَ بَـوارِكْ *** اَذْكُرْ ذَنبًا قَدْ كانْ

اِمْـلأْ بِالـذِّكْرِ نَهـارَكْ *** هَـبْ لَيْلَكَ للرَّحْمَنْ

بيَدَيْـهِ الخَيْـرُ ـ تبَـارَكْ *** ها قَدْ زارَكَ رَمَضانْ

قَـدْ أَسْـلَمَتْ للإلـهِ قَلبــا *** صنتهُ بـالخَوفِ والرَّجــاءِ

ذَكَّـارةً تَرْمُـقُ المُعَـالِي *** زَكِيـّة صـدْقَةَ الحْيـاءِ

لا سَلَّمَ اللهُ كُـلَّ عَـيْنٍ *** مُدَّتْ إلـى السِّتْرِ بالعَـداءِ

لِتَبْهَـتَ الطّهـرَ بالمُريـبِ *** دَفعًا إلـى شـقْوةِ العَنـاءِ

واللهُ سُبحانَهُ علــيمٌ *** أَحـــاطَ بــالْجَهْرِ والخَفــــاءِ

فـــي النــّورِ مــنْ *** زَجرًا وذِكْرَى لِـذِي وَحْيـــهِ نَكِيــرٌ اتَّقـــاءِ

[موعظة الموت]

نُفُوسٌ مَضَتْ، قَد *** وَأَمْسَـتْ مَرائيهـا
طَوَاهَـا التُّـرَابْ *** كالسَّـرَابْ

تَعـانقَ فِيها شَمْسُ *** ودَمْـعُ الحبيـب
الْغُـرُوب *** وَشَـوْقُ الصَّـحابْ

هِـي الـنَّفْسُ ذِكـرَى *** وَرُوحٌ تُسَـافِرُ فَـوْقَ
تَخُـطُّ الخُلُـودَ *** السَّـحابْ

ويـا رُبَّ خِـل لَنـا قَـدْ *** وَكَمْ آلَمَ النَّفْسَ طُولُ
فَقَـدْنا *** الْغِيـابْ!!

وَلَـوْلا اصْطِبارٌ، *** فَتَسْـلُو القُلُـوبَ،
نَرجـو اللِّقـاءَ *** وَيَنْجـو المُصـابْ

يـُدِيرُ الزَّمـانُ *** رَسائِلَ لـلْعَبْدِ: هـل
كـُؤوسَ المنايـا *** مِـنَ متـابْ؟

ويُقْـدَرُ للْمَـرْءِ شَـرُّ البَلايـــا *** عَسـاهُ يُخَفّـفُ يـَوْمَ الحِســاب

فَيـا صـاح سَـلِّم لـَرَبَّ لَطِيـفٍ *** وَدُودٍ قَرِيـبٍ إلى مَنْ أنـاب

فَمـا أَجْهَـلَ الحَـيَّ أَرْخـَى مُنـاهُ !! *** غَريـرًا بِبَسْطِ الغِنَى والشَّـباب

مدرستي روضةُ حُب يَسْكُنُ أَعماقِي، هِيَ ذِكْرَى عُمْرٍ وَلِي بمُنَى العُشّاق، يَتَمَلَّكَني؛ فَتُوَلَّي مِنَّى دُنْيايْ لِأَهيمَ عَلى وَجْهي أَرْجُو عُمْرَ صِبايْ، وأَجُوبُ بِقَلبي مَوْجَ الأَمَل الدَّفّاقْ، تَنْبِضُ فِيه شَرايِيني أَحْزَانَ فِراقْ، أَلْمَحُ عن بُعْدٍ مِنَّي فَوْجًا لِرفاقْي، فَهُنا مَدْرَسَتي: بابٌ، وسُورٌ، وَثُغُورٌ نَتَمَلَّاها، نأمل ما وراء السُّور، وَتضِجُّ سُرُورًا يَسْبِقُنا بَعْدَ سُرُورٍ، ويَحِينُ الدرسُ ويُقْبِلُ أُسْتَاذُ الفَصْلِ يُحَيِّينا، يُحْيي فِينا رُوحَ العَمَلِ؛ نَلْقَى الدَّرْس ونَتَبارى بجوابٍ سَهْلٍ، وَتَجِيءُ ضُحَىً فُسْحَتُنا فَنَرُوح اللَّعب نَحكي، نَتَغَنَّى، نَمرحُ، أَوْ نَجْلِسُ تَعَبا، مَرَحٌ يَكْنفهُ الحُبُّ فلا يُلْغِي الأَدَب، وَنُدَبَّرُ مِيعادًا يَجْمَعْنا اسْتِذكار؛ وَيَمُرُّ اليَوْم كسابِقِه تِلْوَ نهارْ نكْبَرُ والحُبُّ بِنا يكْبَرُ كالأَشْجان يَسْمُو بأَرَقَّ وشائِجَ صِدقٍ مِدْرارا يَتَأَلَّقُ كالفَيروز وعِطرِ الأَزهارْ

يَحْضُنُهُ أَمَلٌ لا تُفْنِيهِ الأعمال؛ فَسَتَحيا الذّكْرَى فينا ما انشَقَّ نَهَارْ، وَأَطلَّ اللَّيْل بحُلم الشَّبْل المِغوارْ، سَتَعِيش تَخيلاتِك تَهْزِمُ قصْفَ الإعصارْ، تُروَى من ضَخّ دِمانا أحْلَى الأَشْعارْ، صِنوانٌ يَرْجُو الخُلْدَ أبِيٌّ جبّارْ، اِقْرَأ إنْ شِئْتَ بجذْع مَعْنَى الإضرار والصَّبْرَ، ولون يَحكي صِدْقَ الأبرارْ، فَعطاؤُك مَدْرَستي هو مَوْرِدُ إلهامي، ومَوَاعِظُ أستاذِي كالظِّلَّ لِأيّامي، كَمْ يَهْتِفُ لِي: إيّاكَ وزيفَ الآثامِ.

فَمتَىَ ترجع عن غفلتك إن أنت لم تتدارك شَهْرًا هو خَيْرُ
زَمانْ ؟؟!!؟؟

فَسُيُوفُ الغَدْرِ تُضاعِفُ جُرحَ الآلامِ، وَشبابُ بِلادي
يُخبِطُ في كُلِّ ظَلامٍ قَرَّى مَدْرَسَتي، بُشْرَى أُمَّة إسلامي؛
فَرُبُوعُكِ سَوْفَ تُفَسِّرُ أَنْدَى أَحْلامِي، وَلَسَوْفَ يَجِيئُكِ يَومًا
أنِّيَ قَدْ أُبْتُ وَرَجِعْتُ لِأعْلي صَرْحكِ؛ إنَّي ما مِتُّ!
سأسوقُ إليكِ شَبابًا أَضْناهُ الكَبْتُ يَغْرو مِن نَهْركَ قِيمًا
يَرسُمِها السَّمْتُ، يَصْرُخُ فيهِ الإبْداعُ، يُعانِقُهُ الصَّمْتُ،
يتَلَظى أسْوَتَنا والأُفْقَ المزْخُورْ، نُحْيي ما عِشْنا ذِكرَكِ
وسِني النُّورْ

فَهُنا مَدْرَسَتي: بابٌ، وسُورٌ، وَثُغُوْرٌ، تاريخٌ صاغَ
عُقُودَ الدُّر المنْثُورْ، لَكِ صَفْوُ الوُدَّ بِقَلْبِ الطَّفلِ المفُطورْ،
أكْبادٌ مِنّا ظمآى والشّوْقُ حَرُورْ.

الفهرس